Hans Eder

Normal hätte ich nie verloren

Aufzeichnungen eines Tennisnarren
Illustriert von Gerry Bern

7. Auflage 1980. Herausgeber: Horst Hermann Ilg, Stuttgart
Verlag Gustav Kopf GmbH Stuttgart, Illustrationen: Gerry Bern, Frankfurt
Druck: Druckerei G. Kopf & Co. KG, Waiblingen-Bittenfeld.

HANS EDER

Erkenntnisse eines Tennisnarren

Fast (!) alle Geschehnisse und Personen dieser Aufzeichnungen sind frei
erfunden. Etwa auftretende Ähnlichkeiten mit lebenden Personen sind den-
noch mit an Sicherheit grenzender Wahrscheinlichkeit n i c h t zufälliger Natur.

Die Tennisplätze stehen unter Wasser. Der Sturm peitscht von rechts her und man kann den Wellengang sehen. Nur die Schaumkronen fehlen. Man sitzt im Clubhaus und mischt die Skatkarten.

Die Turnierleitung steht auf der Terrasse, studiert die Wetterecke und stellt fest: „Hinten wird's heller!"

Haben Sie diese Situation schon einmal erlebt?

*

Völlig überflüssiges Vorwort

Wenn Sie noch nicht Tennis spielen, fangen Sie heute noch an! Es gibt kaum einen Sport, der a. so gesund ist und b. einen selbst für hervorragende Gerichtspsychiater erstaunlichen seelischen Vollstriptease zur Folge hat. Jedes Wort ist wahr, das Sie, als lediglich von fern Interessierter über Tennis sagen. Kein Wort mehr ist wahr, von dem, was Sie über Tennis erzählen, wenn Sie einmal begonnen haben.

Ich sah tennisspielende Pfarrer, die klare Linienbälle für meterweit aus erklärten, ich sah tennisspielende Staatsanwälte, die logen, daß sich die Linien bogen und ich sah getreue Ehefrauen, die ihre Männer beim Familientraining nach Strich und Faden betrogen.

Tennis ist das herrlichste aller Spiele, aber – es verdirbt den Charakter. Sie können trotzdem ruhig beginnen, denn diese erschreckende Wandlung gilt nur innerhalb der weißen Linien. Das ist das Seltsame. Im Clubhaus, ja schon unter der Dusche, ist man wieder der Alte; der solide, zuverlässige Zahnarzt, Rechtsanwalt, Architekt, Ehe- oder Geschäftsmann. Aber morgen, innerhalb der weißen Linien, gehört man wieder zur Unterwelt. Nur Berichte über Ergebnisse sind überall und stets, selbst außerhalb des Clubs anzuzweifeln. Dieser Knacks ist nicht reparierbar.

Die folgenden Blätter sind vom Baum der Erkenntnis gefallen. Aufgelesen von einem, der seit vielen Jahren Tennis spielt, beschrieben von einem echten Tennisfan.

Wenn Sie noch nicht Tennis spielen, fangen Sie heute noch an! Schon morgen kann es zu spät sein, denn ein Tag wäre verloren und wenig ist so schlimm wie ein verlorener Tennistag!

*

Woher kommen Sie?

Normales Durchschnittstennis verdankt seine Entstehung einem Grund, der ebensogut zu Golf, Reiten oder Segeln führen kann. Es ist das Bedürfnis nach sportlicher Betätigung in gesellschaftlichem Rahmen. Wobei die althergebrachte Meinung, Tennis sei ein Spiel gehobener Kreise und das Vorhandensein mehr oder weniger repräsentativer Baulichkeiten, deren Bezeichnung „Clubhaus" entscheidend ist, stets eine bedeutende Rolle spielen.

Der wahre Turnierspieler jedoch entsteht in achtzig von hundert Fällen durch Vererbung bzw. familienbedingte Milieubeeinflussung. Bereits im zartesten Alter beginnt er am Rande roter Sandfelder, begleitet vom eintönigen Geräusch des Bälleklopfens, eine harte und entsagungsvolle Jugend. Kein Wochenende auf grünen Wiesen, kein Sonntag am Rande klarer Gebirgsbäche oder blauer Seen. Nur roter Sand unter sengender Sonne, zuweilen unter trübem Himmel, begleitet seine Tage. Und unter diesen Milieueinflüssen beginnt sich sein Wesen seltsam zu wandeln, wird sozusagen der Grundstein zu einem neuen Turnierspieler gelegt.

Da sich Tennisspieler in ähnlicher Weise fortpflanzen wie normale Menschen, ist bei Clubhausneubauten stets auch an einen Kinderspielplatz zu denken. Es ist jedoch zu berücksichtigen, daß erblich belastete Tenniskinder nicht wie gleichaltrige mit Bausteinen oder im Sande spielen, sondern dank des beim Menschen so ausgeprägten Nachahmungstriebes schon frühzeitig zum Ball und bald zu einem abgelegten Schläger greifen. Diesem begeisterten Frühstadium folgt allerdings eine Zeit harter Gegenwehr, die jedoch mit der eisernen Entschlossenheit, welche Tenniseltern auszuzeichnen pflegt, gebrochen wird. Aussprüche wie: „Ach, schon wieder auf den blöden Tennisplatz" kennzeichnen dieses tennisfeindliche Stadium. Die bedingungslose Zielstrebigkeit der Tenniseltern wird jedoch in den meisten Fällen den Sieg davontragen und dem Club ein neues Teil-As schenken.

So wird im Laufe der Jahre das Tenniskind zum Jugendlichen, zum Nach-

wuchs, bis es schließlich immer vor den Augen seiner mitzitternden Erzeuger von Aufregung zu Aufregung und, zwischen kleinen Erfolgen und großen Enttäuschungen schwankend, mit letzter Kraft in die zweite, schließlich in die erste Mannschaft aufsteigt.

Die Notwehr hat ihn, der wehrlos jahrelang seine Tage im „Grün-Weiß", „Rot-Weiß", „Blau-Weiß", oder „Gelb-Schwarz" verbracht hat, einst zum Schläger greifen lassen, und nun wird er jahrelang hart kämpfen, um den Platz in der ersten Mannschaft zu halten, wird auf Turnieren oft in der ersten Runde scheitern, selten unter die letzten Acht, noch seltener unter die letzten Vier und vielleicht einmal in ein Endspiel kommen. Wird die Hoffnung nie aufgeben, nicht bei den Senioren und auch nicht bei den Veteranen. Wird es immer wieder versuchen, denn er ist ein echter Tennisspieler geworden.

*

Clubmitglieder

Sie lassen sich immer und überall in drei Gruppen einteilen.

a) Die Clubleber. Es sind nachgewiesenermaßen nie über 10% des Gesamt-bestandes. Sie leben für den Club. Sie leben im Club und hauchen ihm Leben ein, denn sie sind immer da. Sie kommen um Skat, Schach, Billard, ja gar Tennis zu spielen und anschließend ein Bier und ein Viertele, oder auch fünf Bier und fünf Viertele zu trinken. Der Wirt lebt von ihnen. Der Platz-wart lebt von ihnen und auch die Gruppe b) die Anticlubleber lebt von ihnen, denn ohne die Clubleber wäre ein Club undenkbar. Sie bilden auch die be-rühmten 10% die zu den Generalversammlungen kommen, um die Weichen zu halten, die der Vorstand gestellt hat, die bei Veranstaltungen immer da sind und sich beim Winterball nie ganz wohl fühlen, weil da nämlich alle erscheinen. Alle außer

b) Den Anticlublebern. Der Anticlubleber ist ein Tennisspieler, der nur zu diesem einzigen Zweck den Club betritt, anschließend duscht (sofern er eine Duschpauschale zu zahlen gezwungen wurde) und ihn dann wieder verläßt. Der Anticlubleber verzehrt grundsätzlich nichts im Clubhaus. Es gibt Anticlubleber, die seit über zwanzig Jahren Mitglied sind und nie auch nur ein einziges Glas Sprudel bestellt haben. Der echte Anticlubleber kommt auch nie zum Winterfest und erhält dadurch auch nie eine Ehrennadel.

Schließlich gibt es noch

c) Die Mitläufer. Das sind zumeist neue Mitglieder, aus denen sich echte Clubleber entwickeln können. Das sind die, wegen derer Bäume angestrahlt, oder Kerzen angezündet werden, damit sie Gäste anschleppen, um des Wirtes willen. Die Mitläufer bilden das Reservoir, aus dem aussterbende Clubleber aufgefüllt werden. Die Clubleber sind der harte Kern jedes Tennisclubs zwischen Johannisburg und Hammerfest.

*

Funktionäre

Der normale Vorsitzende, (auch Präsident) lebt seit Ludwig XIV. in der Überzeugung: „Der Club, das bin ich!" Die Bürger des Landes, Verzeihung, die Clubmitglieder dagegen hegen eine hiervon erheblich abweichende Meinung. Sie sind und zwar jeder für sich, der Club. Der Ausschuß im allgemeinen und der Präsident im besonderen sind da, um dafür zu sorgen,

daß die Plätze stets bespielbar sind, daß Clopapier nicht ausgeht und daß Hunde an der Leine geführt werden. Aus dieser unterschiedlichen Auffassung ergeben sich manche Spannungen. Und hier haben wir bereits die wichtigste Aufgabe des Vorsitzenden, nämlich auszugleichen. Auszugleichen zwischen 600 und mehr absoluten Individualisten. (Alle Tennisspieler sind dies in hohem Maße).

Auszugleichen, wenn bei einer Generalversammlung einer der Ansicht ist „Was geht mich die erste Mannschaft an und ob sie Bundes-, Verbands-, oder Regionalliga spielt. Ich will selber spielen. Das Geld für die erste Mannschaft sollte man lieber in ein Schwimmbad stecken!" und der andere: „Der Club steht und fällt mit seiner Mannschaft". Auszugleichen, wenn gebaut

wird und es nicht möglich ist, 600 einzelne Clubhäuser zu errichten, oder
Hallen, oder Gartenanlagen nach dem Geschmack eines Jeden. Der Grund-
satz eines Präsidenten, der nicht durch Totschlag oder Nervenkollaps zu
enden gedenkt, muß immer lauten: „Die Wahrheit liegt in der Mitte!"
Vorsitzender wird man aus verschiedenen Gründen. Zum Beispiel:

1. Man ist eine Führernatur und drängt stets nach vorn.
2. Weil man dazu aufgefordert wurde und nie nein sagen kann.
3. Aus geschäftlichen Überlegungen. Weil man der irrigen Ansicht ist, dadurch an seinem Image polieren zu können und
4. als Hobby. Hier liegt eine Art Spispiko- (Spitzenspielerkomplex) Ersatzbefriedigung vor. Ein Antrieb übrigens, dem auch manche Sportwarte
   erliegen.

Vorsitzender bleibt man dagegen:

1. weil kein anderer zu finden und man eine Führernatur ist,
2. weil kein anderer zu finden ist, man daher darum gebeten wird und nie nein sagen kann,
3. weil kein anderer zu finden ist, man seinen Irrtum inzwischen eingesehen hat, es aber seiner Frau gegenüber nicht zugeben will und
4. weil kein anderer zu finden ist, weil man als Mäzen an der Ersatzbefriedigung Gefallen findet und man (da im eigenen Betrieb nicht mehr gebraucht) froh ist etwas tun zu können.

Die Erklärung für die lange Amtszeit der meisten Präsidenten ist also einfach.

Wichtigster Mann im Vorstand ist der Sportwart. Er identifiziert sich voll mit seiner Mannschaft und ist seinem Gehabe nach häufig erst auf den zweiten Blick von einem Mäzen zu unterscheiden. Allerdings, er gewinnt. Die Mannschaft verliert. Er ist im Vorstand der einzige, der echte Terminarbeit zu leisten hat. Er setzt Vergleichs- und Forderungsspiele an und wird, da er die Möglichkeit hat, auch ohne Ergebnisse in die Rangliste einzureihen von allen Ranglistenverdächtigen zuvorkommend und mit Respekt behandelt. Dies verleitet ihn oft zu der irrigen Annahme, er wäre beliebt.

Er steht stets im Kreuzfeuer der Meinungen, sportlich gegen gesellschaftlich und wechselt öfter als der Präsident, da kein mit normalen Nerven ausgestatteter Mensch länger als zwei bis höchstens drei Jahre Sportwart bleiben kann, ohne ernstlich Schaden zu nehmen, oder seine Ehe aufs Spiel zu setzen. Wenn nun aber doch einmal ein Präsident nein sagt, oder partout nicht mehr will – man findet schließlich doch immer wieder einen. Auch Sportwarte sind noch aufzutreiben.

Selten aber wie Mondgestein sind gute Platzwarte. So Sie einen haben, hüten Sie ihn wie ihren Augapfel. Es gibt nichts, was Eintracht und Frieden in einem Tennisclub so sicher garantiert wie ein guter Platzwart.
Vergnügungswarte machen häufig den Fehler, Veranstaltungen nach ihren eigenen Idealvorstellungen auszurichten. Liebt einer progressive Tanzmusik,

müssen sich die Clubmitglieder auf St. Tropez-Atmosphäre einstellen. Hört er lieber den Erzherzog-Johann-Jodler, wird es oft Würstchen vom Grill und Bier geben. Ganz besonders in diesem Fall liegt die Wahrheit in der Mitte.

Aber finden Sie sie mal, zwischen Winterfest mit Programm: „Der Abend wird zerrissen. Vorher läuft noch nichts und nachher ist die Stimmung hin und der Abend im Eimer. Nur wegen dem blöden Programm!" und Winterfest ohne Programm: „Nichts wird geboten. Kein Programm. Nichts. Aber DM 25.— Eintritt!"
Seltsam, im Großen und Ganzen klappt es dann doch immer und man erzählt seinen tennisfremden Bekannten, „bei uns ist es immer traumhaft!" So entsteht die Mitgliedersperre.

*

Platzordnung

Es werden täglich mehr und damit wird es immer komplizierter. Im Schwimmbecken und selbst im Thermalbad findet sich immer noch ein Plätzchen, auf den Pisten geht es, wenn auch mit Schlange-stehen immer noch. Aber bei uns auf dem roten Sand, da wird es täglich schlimmer. Die Schlange des homo tennisiensis ist die Einstecktafel, die Zeituhr hinter den Plätzen, der Zeitplan am schwarzen Brett. Die Schlange des homo tennisiensis ist nicht so leicht zu übersehen wie die Schlange am Sessellift. Wenn sich da einer vordrängt, sieht man das und greift ein. Die Schlange des homo tennisiensis ist gespickt mit dunklen Punkten, mit Hintertürchen, mit geheimen Eingängen und anderen Teufeleien. Es empfiehlt sich, die Systeme immer wieder zu ändern, bevor von Spezialisten derart raffinierte Tricks entwickelt werden, daß beispielsweise dieselben vier Herren von 17 bis 20 Uhr durchspielen und es keiner der Wartenden ändern kann, weil es nämlich gar keiner merkt.

Am schwarzen Brett, beim Öffnen der Einstecktafel um 17 Uhr geht es ähnlich zu, wie am Ostersonntag an der Talstation des Kitzsteinhornes. Für die nächste Saison haben wir für 17 Uhr einen Posten vom Roten Kreuz angefordert. Etwas später, wenn sich der Run gelegt hat, beginnen die Großen der Branche ihr Unwesen.

Da ist Nr. 1: Der Vergeltungsstecker: Er wechselt die Kärtchen aus und richtet es so ein, daß Spieler, von denen er weiß, daß sie überhaupt nicht zueinander passen, zusammenkommen. Er steckt den, an dem er Vergeltung üben will, während dieser spielt, eine Stunde später, oder läßt gar das Kärtchen verschwinden. Der Vergeltungsstecker bleibt anonym und stiftet Verwirrung und Unfrieden.

Da ist Nr. 2: Der Amokläufer: Er steht mit schwellender Zornesader vor der Einstecktafel, reißt zwei, drei, oder auch vier Steckkärtchen heraus und eilt zum Geschäftsführer, „Es sind immer dieselben!" brüllt er, auch wenn es ganz andere sind. „Sie spielen seit 16 Uhr ununterbrochen und besitzen die Unverschämtheit, wieder zu stecken. Und der Vorstand sieht zu, weil er es genau so macht. Ich werde austreten!" Der Geschäftsführer sagt Besserung zu. Der Amokläufer tritt nicht aus. Er wird es demnächst genau so machen, wie der, der seine Zornesader in Aktion brachte und ein anderer Amokläufer wird sich über ihn beschweren. Und da ist

Nr. 3. Der Familienfan: Er denkt nur an seine Kinder und an seine Frau. Da er zwei Kinder und eine Frau besitzt, wird er für alle Fälle vier Plätze, jeweils mit einer Karte belegen und wie ein Berserker um sein vermeintliches Recht kämpfen, falls er angegriffen wird. Schließlich haben wir noch

Nr. 4: Den Brunnenvergifter: Er spielt häufig selber nicht, oder nicht mehr. Er geht umher, vergleicht die Tafel mit den Tatsachen auf den Plätzen und erzählt beiläufig, doch stets am richtigen Ort, wer, seit wann und wo und schon wieder und mit wem. Der Brunnenvergifter sorgt dafür, daß die Agressionen im Club nicht aussterben.

Glücklicherweise gibt es auch den homo tennisiensis normalis und glücklicherweise ist dieser in der Mehrzahl. Seine Verhaltungsweise liegt, wie alles Normale, in der Mitte. Aber er wäre ohne die oben erwähnten Erscheinungsformen ausschweifender Leidenschaften erstens nicht normal und zweitens auch nicht so recht glücklich. Denn wir brauchen sie, schon als Thema.

*

18

Pächterehepaar gesucht

Haben Sie jemals zufriedene Pächter in einem Tennisclub erlebt? Ich nicht. Daran sind entweder die Mitglieder schuld. Die einen können es nicht verstehen, daß Frau P. ein mürrisches Gesicht macht, wenn sie um 2 Uhr morgens die achtunddreißigste Flasche Bier an den einsamen Skattisch bringt. Was ist an Bier schon verdient?

Die anderen kommen einmal im Monat unangemeldet mit Freunden, fragen nach Froschschenkeln in Weißweinsauce, Honigente flambiert und geeistem Fruchtsalat.

„Hier gibt's nur Wurstbrot und Bier", sagen sie dann und sind sauer; oder – man bezahlt nicht jedesmal, man schreibt Zettel. Nach einigen Tagen wird abgerechnet. „Der hat bestimmt mehr gehabt, als Zettel da sind", denkt der Pächter.

„Soviel? Unmöglich, habe bestimmt einen Teil doppelt bezahlt", denkt das Clubmitglied. Bringen Sie das mal auf einen Nenner.

Oder – am kommenden Sonntag ist ein Freundschaftsspiel vorgesehen und der zuständige Vergnügungswart avisiert bei Frau P. sechzig Schnitzel, sechzigmal Kaffee und sechzig Kuchen. Frau P. will es „rechtmachen" und bereitet sich vor.

In der Nacht zum Sonntag beginnt es zu regnen und regnet ohne Unter-
brechung bis Sonntag abend. Das Freundschaftsspiel wird abgesagt und Frau
P. bleibt auf ihren sechzig Schnitzeln, sechzig Kuchen und sechzig Kaffees
sitzen.
Der Sportwart appelliert an den Clubgeist, der Vorstand geht mit gutem
Beispiel voran, vertilgt geschlossen je zwei Portionen und nimmt eine dritte
mit heim. Es hilft nichts, die Verstimmung bleibt, und eines Tages sucht
man dann neue Pächter. Und sie kommen, denn in einem Tennisclub sitzen
angeblich Leute mit Geld und da bleibt was hängen. (Seit einigen Tagen sind
unsere zufrieden, wir hatten am Samstag Sommerfest.)

*

Bekenntnisse

Es war bei einem Verbandspiel. Wir zogen uns eben um, und ich fragte in den Umkleideraum hinein: „Wer spielt Nr. 6 bei Ihnen?"

„Wir sind sehr ausgeglichen. Bei uns kann von zwei bis sechs praktisch jeder jeden schlagen." – sagte einer neben mir, und da wußte ich, das ist Nr. 6! Wenn man nach Nr. 6 einer ersten Mannschaft fragt, wird man zumeist diese oder eine ähnliche Antwort erhalten. Fragt man unter vier Augen, erfährt man zusätzlich, daß sechs vor zwei Tagen fünf in zwei glatten Sätzen geschlagen hat und auch Nr. 2 kürzlich besiegte, jedoch die Rangliste noch nicht geändert sei, er außerdem keinen Ehrgeiz besitzt und daher sozusagen freiwillig weiter an sechs spielt.

Es ist so, ich kann es bezeugen. Habe selbst jahrelang an sechs gespielt.

*

Es sagte . . .

. . . eine Spielerin zu einer, gegen die sie noch nie gewonnen hat, nach der daher völlig normalen Niederlage: „Ich weiß nicht, Du hast immer soviel Glück und ich nur Pech!"

. . . ein Spätblüher, der einen Ball verschlägt, der ihm noch nie gelungen ist: „Es ist nicht zu fassen, heute läuft mir aber auch gar nichts!"

. . . ein Jugendlicher bei den Jugendmeisterschaften: „Wenn er bei 0 : 5 nicht das Glück mit den Netzrollern gehabt hätte und ohne die Fehlentscheidungen, hätte ich glatt gewonnen!"

. . . ein Bundesligaspieler nach einer Niederlage: „Auf dem Krautacker kann keine Sau Tennisspielen!" Nach dem Sieg: „Die Plätze sind Spitze!"

. . . ein Mitglied zu einem Mannschaftsspieler, während eines Verbandsspieles beim Stand von 0:6, 0:5, 15:40: „Noch mal ran!"

. . . ein Mitglied zum Vorstand am 5. April: „Bei Weiß Rot spielen Sie schon seit 14 Tagen!"

*

Spitzenspieler

Er bleibt sich stets gleich, ob im T.C. Hintertupfing mit 40 Mitgliedern, ob im W.C.T. vor den Augen der Welt. Der Spitzenspieler kann alles, nur nicht verkraften, daß er abgesägt wird; vom nächsten. Das ist genau wie beim Wolfsrudel, wenn der alte Leitwolf weggebissen wird, weil er alt wurde. Ranglistenschicksal!

Der Spitzenspieler wird, ähnlich dem Clubpräsidenten, von der Überzeugung getragen: „Le Club c'est moi!" Er wird aber im Gegensatz zu jenem von vielen bewundert – bis zu dem Moment, in dem er ein wichtiges Spiel verliert. Dann hatte ihn jeder eigentlich schon lange abgeschrieben, weil das ein Blinder voraussehen mußte.

Der Spitzenspieler wird immer kurzlebiger. Er muß deshalb in zunehmendem Maße danach trachten zu raffen, denn der nächste wetzt schon den Schläger.

Echte Spitzenspieler haben stets eine Portion Narrenfreiheit. Sie dürfen z.B. bei einem mißglückten Ball vor Publikum vernehmlich „Scheiße" rufen und man wird das lächelnd quittieren, oder „merde!" jenseits des Rheines. Für uns klingt „merde" irgendwie anmutiger. Ob für die Franzosen „Scheiße" auch Flügel hat?

Echte Spitzenspieler dürfen mit dem Schläger werfen und in die Bälle beißen. Nur altgediente Jugendwarte, oder Prinzipienreiter werden übelnehmen.

Spitzenspieler dürfen alles, bloß nicht verlieren. Die in Hintertupfing nicht und die in Wimbledon ebensowenig. Und weil sie es selten tun, haben sie keine Übung darin. Kein Spitzenspieler kann verlieren; sie können es auch nie erlernen, denn die meisten hören auf, wenn sie die Chance erhalten es zu üben. Viele sind es eigentlich nur geworden, weil sie nicht zu verlieren verstehen.

Ich bin ein hervorragender Verlierer. Ich bin auch stolz darauf, aber so wird man eben kein Spitzenspieler!

*

Wanderer zwischen zwei Welten

Auch wenn man jung ist, sehr gut spielt und sich fortlaufend weiter ver-bessert – man findet immer einen Gegner, den man sicher geschlagen hätte, wenn . . . .

Nur die Klasse wechselt. Die Niederlage bleibt – und der Ärger und die Hoffnung auf das nächste Mal.

Ende Zwanzig kommt der Stillstand. Von da ab lebt man von der Substanz, sozusagen von oben herab und so man einen hatte, noch eine Weile vom Ruf. Mit Dreißig wird man siehe Überschrift. Für die offenen A-Turniere reicht es nicht mehr ganz: „Wissen Sie, technisch? Ja! Aber die Kondition – was soll ich mich mittags bei 30 Grad im Schatten gegen einen 19-jährigen ab-strampeln!"

Aus der ersten Mannschaft wurde man von den Jungen langsam aber sicher hinausgefordert und man spielt zur Zeit, denn man kann es nicht lassen, in der Zweiten an erster Stelle. Immerhin Punkt eins und bei den Mannschaftskämpfen der Zweiten am M- oder jedenfalls Hauptplatz.

Aber der Abstieg hält an. Man möchte noch gern, man ist auch noch und fühlt sich noch viel mehr spielstark, aber merkwürdigerweise erwischt man dann immer im dritten Satz ein Formtief. Sollte es doch vielleicht . . . . Dabei sind es bis zu den Senioren noch 11 Jahre. Das ist die Zeit. Da ist man Wanderer zwischen zwei Welten.

Aber Ehrenwort, ab fünfundvierzig wird es noch einmal schön.

*

Der Traum vom Endspiel

ist Gemeingut aller Tennisspieler. Jeder hat ihn geträumt, oder wird ihn einmal träumen und es ist eine weitere liebenswerte Beigabe von dir, geliebter Tennissport, daß du die Erfüllung dieses Traumes für viele von uns bereithältst. Nicht in Wimbledon und nicht am Rothenbaum, nicht im Stadion Roland Garros und nicht in Forest Hills. Aber in Bad Trissel zum Beispiel oder in Techendorf, vielleicht auch in einem anderen aufstrebenden Gebirgsdorf, das, da aufstrebend, auf seinem einzigen kürzlich erbauten Tennisplatz ein Gästeturnier veranstaltet. Das erste. Und hier passiert es. Hier wirst Du, der Du zu Hause im Club, Ende der zweiten Mannschaft, ein unbeachtetes Schattendasein führst, hier wirst Du einmal – zum ersten und, so Du nicht sehr jung und nachwuchsverdächtig bist, auch zum letzten Mal – im Mittelpunkt stehen. Im nächsten Jahr werden schon weitere dazukommen, so vom Ende der ersten Mannschaften und im übernächsten sind dann die Berufsamateure auch da und stauben ab.

Aber in diesem Sommer hattest Du Glück und der Traum Deines Tenninslebens wird sich erfüllen. Du wirst im Endspiel stehen. Vormittags hast Du einen Gast im Vorbeigehen fragen hören „Wann ist das Endspiel?" Du wirst dann um 15 Uhr den Platz betreten, am Schiedsrichterstuhl (ein Gartenstuhl auf einem Gartentisch) von Deinen zwei Schlägern den gewohnten neueren wählen und das Endspiel verlieren, denn selbst hier gibt es einen stärkeren. Aber Du nimmst den zweiten Preis vom Vorstand des Fremdenverkehrsvereins entgegen, wirst den Teller mit Gravierung zu Hause aufbewahren und hegen, mehr als einen echten Rembrandt.

Im Club wirst Du schweigen, aber tennisfremden Bekannten wirst Du ihn gelegentlich zeigen und im nächsten Jahr kommst Du wieder. Du wirst nie mehr im Endspiel stehen, aber ein Hauch davon wird Dich an diesem Ort stets umgeben und Du wirst noch öfters dieses freundliche Bad besuchen, das Dir DEIN Endspiel schenkte.

*

Der Spätblüher

Er beginnt erst mit fünfunddreißig. Er ist sportlich, hat bis dreißig aktiv Fuß-, Hand- oder Basketball gespielt, (nicht Spitze, aber immerhin) hat dort ausgedient und steigt deshalb auf Tennis um. Er ist wie gesagt sportlich, daher ehrgeizig und will es in der neuen Disziplin noch einmal wissen.

Es gibt kaum einen Spätblüher, der einen normalen Schlag hat. Manche halten, trotz Trainer, den Schläger wie einen Vorschlaghammer, fast alle schlagen eine seltsame Rückhand, aber alle erreichen, da sie von einem Ballspiel herkommen und Anschluß heischenden Ehrgeiz besitzen, erstaunlich schnell eine relative Spielstärke. Und nun beginnen sie, von den natürlich gewachsenen Tennisspielern nie ganz ernst genommen, ihr kurzes Tennisleben lang um Anerkennung zu kämpfen. Erst gegen Jugendliche und schließlich landen sie, die Spitzen unter ihnen unweigerlich, bei den ausgedienten Senioren.

Hier erfüllt sich ihr spätes Tennisleben. Hier beginnt die Hoffnung zu keimen. Sie wurden inzwischen dreiundvierzig, haben einem Veteranen, der vor 10 Jahren Seniorenmeister war, aber immer noch denselben Namen trägt, einen Satz abgenommen, sehen darin den Beginn einer neuen Karriere. Sie trainieren allen Ernstes, nehmen regelmäßig Trainerstunden und wissen noch nicht, daß sie in Kürze als Jungsenior die erste herbe Enttäuschung ihrer neuen Tennislaufbahn erleben werden. Sie verlieren bei ihrer Seniorenpremiere gegen einen Altsenior ohne Namen 1 : 6, 2 : 6.

Aber sie geben nicht auf. Sie trainieren unentwegt weiter und hoffen auf das nächste Mal, denn sie sind echte Tennisspieler geworden.

*

Hätten sie Tennis gespielt...

Walter v. der Vogelweide
>
> Ich spielete jahraus, jahrein,
> Tandaradei –
> mit Bällen und zierlichen Mägdelein
> Tandaradei –
> und hoffte, durch meiner Saiten Kunst,
> zu steigen in meiner Liebsten Gunst!
> Tandaradei!

Johann Wolfgang v. Goethe
>
> Bedecke deinen Himmel, Zeus,
> mit Wolkendunst
> und übe, dem Knaben gleich,
> der Disteln köpft,
> an Trainern dich und Tenniswand!

Mußt mir meine Plätze
doch lassen stehn
und meine Halle, die du nicht gebaut,
und meinen Stop,
um dessen Schnitt
du mich beneidest.

Ich kenne nichts Ärmeres
unter der Sonn, als euch, ihr Cracks!
Ihr nähret kümmerlich
von Wettkampf
zu Wettkampf
eure Majestät
und darbtet, wären
nicht Jugendliche und Senioren
hoffnungsvolle Toren.

Hier sitz ich, forme Spieler
nach meinem Bilde,
eine Mannschaft, die mir gleich sei,
zu stoppen, zu lobben,
zu schmettern und zu driven,
und nie aufzugeben,
wie ich!

Anderes Nachtlied.
Über allen Netzen ist Ruh,
auf allen Plätzen spürest du
kaum einen Hauch.
Skatspieler mischen die Karten.
Brauchst nicht mehr zu warten:
Bald spielest du auch.

Josef v. Eichendorff

        Es rauschen verschwiegen die Bronnen –
        das Herz mir im Leibe lacht.
        Ich habe im Dritten gewonnen,
        obwohl ich es nie gedacht.

Francois Villon

        Die Ballade vom Tennisspieler.

        Schlagt auf ihr Feiglinge!
        Vor euren Füßen liegt der Sieg.
        Schlagt auf stürmt vor und schmettert –
        denn töten ist Panier!
        Und laßt am Tag zuvor das Saufen, Huren, Stehlen –
        sonst wird die Kraft zum As und auch zum Töten fehlen.
        Schlagt auf und tötet! Ruft Villon euch zu!
        Dann aber laßt am Galgen mir die Ruh.

Rainer Maria Rilke

        Das ist dort, wo die roten Plätze sind
        und schlanke Mädchen, die so gerne küßten
        nach vorne drängen, da sie warten müßten
        und wissen wollen wann ihr Mixed beginnt.

        Dort ist der Frühling immer rot, nie blass,
        die Sonne fiebert über'm heißen Sand;
        die Kinder spielen müde an der Wand
        und auch der Herbst hat dorten immer das

        gleichgleiche Saitenspiel und selten wird
        ein Abend dir im Club von zartem Schmelze:
        Bald ziehn die Spieler schon im warmen Pelze
        zur Halle wo die Winterkälte klirrt.

Christian Morgenstern

> Palmström übte einen Stop,
> der, wenn man ihn richtig schlägt,
> einem Treibschlag zunächst gleichend
> über'm Netz dann plötzlich steht,
> zögernd, wie ein müder Regentropfen fällt
> und dann im Sand vergeht.
> Korff erstaunt wie nie zuvor,
> schlägt ihn für die Mannschaft vor.

Erich Kästner

> Kurzgefaßter Lebenslauf.

> Wer nicht zur Welt kommt, hat nicht viel verloren.
> Er sitzt auf einem Richterstuhl und lacht.
> Ich wurde seinerzeit als Tenniskind geboren,
> eh ich's gedacht.

Und Tennis, bestritt seitdem den meisten Teil der Zeit.
Ich war ein talentierter Jugendspieler.
Wie kam das bloß? Doch tut's mir heut nicht leid.

Es gab stets Tennis, statt der großen Ferien.
Ich ging zum Training, fehlte nie.
Mir lief der rote Sand durch die Arterien.
Ich spielte weiter. Fragen Sie nicht wie.

Bis dann die Inflation und Leipzig kamen;
mit wenig Tennis, dafür mehr Büro.
Hallen gab's noch keine, dafür junge Damen.
Und sonntags regnete es sowieso.

Auch ich muß meine Vorhand selber schlagen.
Die Zeit vergeht, die Spitze wird stets breiter.
Zusammenfassend läßt sich etwa sagen:
Ich kam zur Welt und spiele trotzdem weiter.

Bonifatius Kiesewetter

Bonifatius Kiesewetter,
spielte Tennis nur gemischt,
da er fürchtet, daß sein Trieb
andernfalls zu schnell erlischt.

Doch schon nach dem ersten game,
greift er statt nach einem Ball,
nach dem Busen seiner Dame.
Zuständig für diesen Fall,

naht flugs der Vergnügungswart.
„Kiesewetter!" spricht er hart,
„Kiesewetter, nichts wie raus!
Trete ab und darnach aus!"

Tat ihm Unrecht diesesmal.
Hatte wirklich sich geirrt.
Bonifaz, total normal,
war nur durch die große Zahl
weißer Rundungen verwirrt.

Moral und christliche Nutzanwendung:
Beim Tennis faßt der feine Mann,
den Busen nur im Clubhaus an.

*

Die Zeit vergeht immer noch!

Vor mir liegt ein Foto. Es zeigt mich 16 Jahre alt und Tennis spielend. Im vergangenen Jahr wirkte ich erstmalig bei den Senioren mit. Auf dem Bild ist die Haltung nicht ganz richtig, aber die Bewegung hat Schwung. An Haltung habe ich gewonnen, im Laufe der Sätze, aber der Schwung war besser damals. Was heißt damals? . . . .

Kurz: Die Zeit vergeht bemerkenswert schnell. Doch das ist eigentlich ein gutes Zeichen, denn nur gute Zeit vergeht schnell. Schlechte steht.

Beim homo tennisiensis äußert sich dieses Zeitvergehen zunächst in den Umkleideräumen bei den Turnieren. Vor einigen Jahren war man unter sich. Dann kamen einige verschüchterte Junioren dazu, die sich still und beim letzten Kleiderhaken nahe der Türe umzogen. „Kannst Du DEN erzählen vor den Kindern?" überlegte man noch. Und plötzlich waren wir die wenigen. Sozusagen von heute auf morgen. Merkwürdig . . . .

Heute, wieder etwas später, sind wir wieder unter uns. Bei den grauen Recken, den zernarbten, wetterharten Kämpen ungezählter, Verzeihung, nur soweit verloren ungezählter Schlachten. Und . . . . heissa! Es ist immer noch schön. Wir haben unsere eigenen Turniere, aber nicht unsere eigenen Regeln. Die sind die gleichen geblieben und die Gegner auch. Das hat seinen Vorteil: Für jeden kommt so der Tag der Vergeltung für das 0 : 6, 1 : 6 damals und wenn es 20 Jahre dauert. Einmal schnappe ich meinen Angstgegner, spätestens bei den Veteranen.

Das ist der Lauf der Zeit. Bambino – Junioren – Aktive (wie vital das klingt: Aktive) – Senioren – Veteranen – aus!

Auch Tennisleben gehen zu Ende.

Aber für uns sind sie schöner als andere, wage ich zu behaupten.

*

Der Spitzenspielerkomplex — kurz Spispiko

– Versuch einer wissenschaftlichen Deutung –

Nächst dem, jedem gesunden Menschen innewohnenden Spieltrieb, entwickelte sich der Tennissport aus dem Bedürfnis des Einzelnen, seine Mitmenschen zu beherrschen. Tennis ist daher die natürliche Freizeitbeschäftigung für Führernaturen.

Getragen von der Herrschsucht, vom Willen zum Sieg, von der Entschlossenheit, nie aufzugeben und – was besonders kennzeichnend ist – von einer nie versiegenden Hoffnung, weckt Tennis bei schwachen Charakteren häufig niedere Instinkte. Das zur Zwangsvorstellung gesteigerte Traumbild des gefeierten Siegers veranlaßt labile Naturen zu Handlungen, zu vulgären

Formulierungen, ja zu glatten Lügen, deren sie außerhalb des Tennisplatzes nicht, oder nur kaum fähig wären. Aussprüche nach klaren Niederlagen wie: „Normal hätten Sie keine zwei Spiele gegen mich gemacht!" oder: „Mit Grippe soll man eben nicht Tennisspielen, morgens noch 39,2 gehabt!" charakterisieren diese Fälle.

Es ist deshalb bezeichnend, daß selbst Menschen höchster Bildungsstufe und feinster Lebensart auf dem Tennisplatz oft deutliche Anzeichen eines erstaunlichen Absinkens ins Primitive zeigen. So steigt z. B. in hohem Maße der Drang zum Verschleiern unangenehmer, da unabwendbarer Tatsachen, wie eben noch richtiger Linienbälle o. a.

Hier kommen wir zu Punkt 2, dem Schiedsrichter.

Dieses Amt ist schon dank seiner Aufgabe der ideale Ausweg für Gescheiterte, da es die Möglichkeit bietet, in einem „big game" doch noch eine Rolle zu spielen. Es handelt sich hier um eine der letzten Chancen, den Spitzenspielerkomplex zu befriedigen.

Ideale Schiedsrichter sind daher meist schwache Naturen, deren Spielstärke zur Sättigung des Spispikos nicht ausreicht. Der erhöhte Schiedsrichterstuhl verleiht auch Gehemmten Autorität, steigert in kräftigem Maße das Gefühl der Verantwortung, damit das Selbstbewußtsein und realisiert so in gewissem Sinne das Wunschbild, im Mittelpunkt zu stehen. Es gibt Dauerschiedsrichter, die auf diese Weise ihren Spispiko verdrängen konnten.

Starke Persönlichkeiten dagegen lehnen grundsätzlich jedes Schiedsrichteramt ab, doch sind die Ausreden, derer sie sich bedienen, interessanterweise von dem obengenannten Hang gekennzeichnet, Tatsachen zu verdrehen, oder zu erfinden. Äußerungen, die jeder Grundlage entbehren, wie: „Ich habe eben zweimal geschiedst." Oder: „Ich sehe nichts!" kennzeichnen diese Fälle.

Punkt 3, das Doppel.

Diese Spielart hat sich aus dem natürlichen Bedürfnis entwickelt, die Verantwortung für eigenes Versagen auf andere abzuwälzen. Da aber auch beim Doppel die Lust am Beherrschen des Gegners im Vordergrund steht, bereitet die Suche nach dem geeigneten Partner stets große Schwierigkeiten. Jeder normale Tennisspieler wird als Doppelpartner einen suchen, der spielstärker ist als er. Damit ist streng wissenschaftlich Doppelspielen an sich ausgeschlossen und nur ein Abweichen von dieser Linie ermöglicht den Bestand dieser interessanten Variante. Bei der Wahl des Partners unterscheiden wir allgemein 2 Typen:

a) den Bittsteller, und b) den Gönner.

Der Personenkreis unter a) stellt später vornehmlich Schieds- und Linienrichter, während die Spieler unter b) ausnahmslos ihren Partner a) beherrschen, der in eine passive Rolle gedrängt, spätestens Ende des ersten Satzes keinen Ball mehr trifft, in selbstbeschuldigender Weise auch die krassesten Fehler des Partners b) auf sich nimmt, so zur fünften Kolonne des Gegners wird und oft spielentscheidend ist.

Allein der Tatsache, daß sich nie zwei Angehörige der gleichen Gruppe zu einem Doppel zusammenfinden (oder wenn dieser Fall doch eintritt, in einem der beiden ein spontaner Wandlungsprozeß einsetzt), verdanken wir es, daß es kampfbetonte Doppelschlachten gibt.

Anders bei Punkt 4, dem Mixed,

da hier die Bildung eines Teams, außer vom Wunsch zu siegen, demnach vom Spitzenspielerkomplex, noch stark vom natürlichen Paarungsinstinkt unterstützt wird. Dieser überwiegt in vielen Fällen, woraus sich das seltene Auftreten wirklich starker Mixedpaare erklärt.

Es ist aus diesem Grunde eine Streitfrage, ob Mixed überhaupt zum Tennissport als solchem gerechnet werden kann.

Punkt 5. Die Senioren!

Triebfeder des Seniorentennis ist neben dem immer noch quälenden Spispiko, die nie versiegende Hoffnung. Der Spielbetrieb unter den Senioren, der sich mit weltmännischem Anstrich, vornehmlich in Bädern gehobener Reputation abspielt, wird erheblich erschwert, durch den mit den Jahren zunehmenden Ehrgeiz und den neu auftretenden Altersstarrsinn. Hauptgesprächsthemen der Senioren sind verflossene Schlachten, die stets schwer, aber doch, meist nach anfänglichem Rückstand gewonnen wurden. Ein stilles Übereinkommen ermöglicht es, ohne Schamröte nie stattgefundene Spiele ausführlich zu schildern. Eine gesunde Kompensation zur im Vergleich mit den jungen Aktiven erheblich gesunkenen Spielstärke bildet die Beliebtheit der Senioren auch bei offenen Turnieren, aufgrund der im Laufe der Jahre gefestigten sozialen Position und Finanzkraft. Ihr ist das glanzvolle Bild der Siegesfeiern, der Bälle und häufig auch die unnatürlich gehobene Stimmung der jüngeren Aktiven bei solchen Anlässen zu verdanken.

Eine Steigerung der Senioren sind Punkt 6: Die Veteranen.
Auch bei ihnen wird man vergeblich jenen Hauch von Entsagung und Abgeklärtheit suchen, der normalerweise bei diesen Jahrgängen vorausgesetzt werden darf. Hieraus ergibt sich die klare Folgerung, daß der Spitzenspielerkomplex eine Triebfeder ist, die bis in das hohe Alter die Rückbildung der Vitalität und des Ehrgeizes hemmt. Ihm muß daher lebenserhaltende Wirkung zugeschrieben werden.

Abschließend noch kurz Punkt 7. Die Damen.
Damentennis, häufig dem Damenskat verwandt, da es wie dieser seine Entstehung dem Wunsch verdankt, den Ehemann nicht aus der Kontrolle zu verlieren, bildet schon vom Äußeren her die natürliche Abrundung dieser Sportart. Tennisehefrauen, die sich nicht zum Erlernen des Spieles entschließen, müssen sich mit einsamen Sonntagen und einem entsagungsvollen Leben im Schatten mühsam errungener Becher abfinden.
Allen Tennisspielern gemeinsam ist der Wunsch, über ihre Verhältnisse zu spielen. Hier zeichnet sich die bedeutendste Parallele zum Leben außerhalb der weißen Linie ab.

*

Des Tennisspielers Lebenslauf

(Pardon Eugen Roth!)

Ein Mensch, im Club noch unbekannt,
trainierte täglich an der Wand,
um dieser Art bald zu den Großen
der ersten Mannschaft vorzustoßen.

Der Mensch ein Freund des Sportwarts war.
So langte es am End vom Jahr
mit Hängen, Würgen und mit Bitten,
ganz knapp zu der Reservedritten.

Doch auch im Nächsten wieder stand
der Mensch fast täglich an der Wand,
um dieses Jahr bei den Vergleichen
das Ziel der Klasse zu erreichen.

Auch diesmal ist's ihm nicht gelungen.
Der Mensch, er scheitert an den Jungen
und sicher, daß nur Pech es war,
übt weiter er im nächsten Jahr.

Woraus sich sonnenklar ergeben,
daß Spieler von der Hoffnung leben.

Die Jahre geh'n.
Der Mensch, nach harten Tennisschlachten,
die kleineren Erfolg nur brachten,
landet, da er gesund geblieben:
Senioren eins, Reserve sieben.

Doch kommt, da meistens einer krank
er immer weg von seiner Bank
und überspringt spät die Barriere,
zur mittelfetten Karriere.

Der Mensch, nun bei Senioren zwei,
auch da schon nicht mehr einwandfrei,
beschließt, da Einzel ihn zu streßt:
von nun an nur noch Doppeltest!

Und auch im Mixed er sich nicht schont,
sofern er eine find't die's lohnt.
So wurstelt er noch manches Jahr
nie mehr allein, nur noch als Paar

und holt noch da und dort 'nen Dritten,
wenn acht nur um den Lorbeer stritten.
Er stellt den Becher dann zu Haus
an exponierter Stelle aus

und wartet, wenn auch dies vorbei,
voll Hoffnung auf Senioren drei.
Doch wenn's soweit, sind's nie genug.
Man wird gestrichen, welch Betrug!

Und in die Klasse zwei gelost.
Zum Trost.
Dort kämpft man wieder,
gegen die fast aktiven Brüder.

Um sich nicht allzusehr zu quälen
muß man die Bundesebene wählen,
wo jeder weiß wie schön es war
in Neuenahr.

Denn dort ist neben gutem Bier,
noch reich besetzt die Klasse vier.
Des Tennisspielers Lebenslauf –
die Hoffnung höret nimmer auf!

Und dieses eben woll't ich lehren:
Daß Tennisleben lange währen.

*

Hallentennis für Normalverbraucher

Sie spielen seit 4 Jahren im Winter, das heißt ca. ab 15. Oktober bis etwa
1. April, jeden Samstag von 12–14 in der Halle ihr Doppel. Oder von 10–12,
die Zeit spielt keine Rolle, es sind im Grunde genommen immer dieselben.
Am Mittwoch, spätestens Donnerstag beginnt man sich fühlbar zu freuen.
Am Freitag, beim Kegeln, im Theater, oder auch bei anderen Gelegenheiten,
wird, sofern vertretbar, der Schongang eingeschaltet, denn morgen um 10,
um 12, oder um 14 Uhr wünscht man fit zu sein, falls man nicht die über-
legene Eins im Samstagdoppel ist. Die Partner werden durchgewechselt
und nach zwei Stunden wird nach Satzstand die Gewinn- und Verlustrech-
nung aufgemacht. Das ergibt einen kräftigen Schoppen und vor 17 Uhr ist
keiner zu Hause. Es ist bei allen Herrenwintervierern dasselbe. Nur die Uhr-
zeit wechselt und der Tag.
Es gibt in jedem Doppel dieser Art einen, der Führungsanspruch besitzt, den
stärksten, der eigentlich mit jedem gewinnen könnte. Aber da die Unterschiede doch wieder nicht zu groß sind, eben nur gewinnen könnte, nicht muß,
darin liegt die Spannung und damit die Sicherung der Beständigkeit. Daß
drei von vieren stets um den Ausgleich und einer um die Führung kämpft
und daß, selbst wenn es in neunzig von hundert Fällen in etwa das gleiche
Ergebnis gibt, doch keiner aufhört, auf das nächste Mal zu hoffen.
Übrigens gibt es zwei große Gruppen.

a) Die kampfbetonten: Hier wieder zwei Unterabteilungen: Solche mit Streit
und solche ohne. Solche in denen zweifelhafte Bälle mit beinahe perverser
Lust, widerspruchslos wiederholt werden und solche, in denen sie zwar auch
wiederholt werden, aber eine deutliche Verstimmung hervorrufen. Diese
verfliegt beim echten, männlichen homo tennisiensis mit dem letzten Ball
und hinterläßt keinerlei Spuren.

b) Die gemütlichen Doppel: etwas schon dem Skat verwandt, eine Art Bewegungsskat. Kennzeichnend für diese Gruppe ist, daß schon während des Spieles häufig eine Wein- oder Sektflasche nebst Gläsern auf der Bank stehen und beim Seitenwechsel benutzt werden. Hier gibt es keine Unterabteilungen, da der Wille zum Sieg ins zweite Glied getreten ist.

Après jedoch, im Clubhaus, verschwimmen die Unterschiede dergestalt, daß nur der wahre Experte in der Lage ist, sie zu erspüren.

Das Hallen-Damendoppel unterscheidet sich vom Hallen-Herrendoppel durch drei wesentliche Merkmale:

1. Es wird zwar auch durchgewechselt, doch versichert man sich, da seltsamerweise nicht gelost wird, heuchlerischerweise gegenseitig, daß es völlig gleichgültig wäre, wer mit wem beginnt.

2. Trinkt man anschließend Kaffee zum Kuchen, oder geht heim, und

3. ist eine eventuell während des Spieles aufkommende Verstimmung, und sie kommt oft auf, nicht mit dem letzten Ball verflogen, sondern glimmt noch wochenlang unter der Asche weiter, ehe sie, oft unter dem ordnenden Einfluß des Ehemannes (soweit Tennisspieler) verfliegt.

Obengesagtes bezieht sich selbstredend nicht auf Angehörige der ersten Mannschaften. Die spielen nie, die trainieren. Es bezieht sich nur auf, soweit dies möglich ist, normale Tennisspieler. Natürlich auch auf Senioren. Der Nachsatz war erforderlich, um die cracks nicht zu verstimmen. Die sind nämlich empfindlich wie – Tennisspieler!

*

Über Preise, Ehrennadeln und ähnliches

Selbst Spieler der mittleren Turnierklasse gelangen im Laufe eines langen Tennislebens zu einer stattlichen Anzahl von Preisen. Diese sind zumeist nicht den eigenen Sternstunden, sondern mehr dem Fehlen von Klassespielern zu verdanken, die trotz sorgfältigster Planung nicht alle Turniere besuchen können.

Becher verschiedener Größen, Plaketten auf Holz und Plaketten pur, Nadeln und vielleicht sogar goldene für Mannschaftsmeisterschaften (die man anderen verdankt), aber man hat sie nun mal. Aschenbecher und Teller mit Gravierung, oder auch vergängliche Tenniskoffer und Pullover.

Normale Tennisspieler bewahren ihre Preise, soweit nicht vergänglich und soweit man sich, falls verheiratet, mit dem Ehepartner über einen Platz einigen konnte (Mütter sind kulanter), sorgfältig auf und reinigen diese jährlich einmal, vornehmlich während der Weihnachtstage.

Eine Abart der Preise sind die Ehrennadeln. Sie gibt es in zwei Gruppen. Die Erdienten und die Ersessenen. Erstere werden für vorbildliche Vereinsmeierei vorzeitig verliehen, während letztere Trägheit oder die Tatsache belohnen, daß Mitglieder seit 25 Jahren dasselbe Haus bewohnen und daher den Club nicht wechseln können. Beiden ist gemeinsam, daß sie bei Generalversammlungen oder sonstigen Clubveranstaltungen angelegt werden. Ihren alltäglichen Platz haben sie an der Clubjacke.

Die Inhaber der erdienten Ehrennadel sind fast immer im Vorstand zu finden. Dies hat jedoch nichts mit Protektionswirtschaft zu tun, sondern ist die Folge eines sich schließenden Kreises. Wer sich um das Clubgeschehen kümmert, läuft Gefahr im Vorstand zu landen, wer im Vorstand sitzt, muß sich um das Clubgeschehen kümmern, wer sich um das Clubgeschehen kümmert, macht sich um den Club verdient und wird daher geehrt.

Die höchste Auszeichnung ist die goldene Ehrennadel und die Ehrenmitgliedschaft. Beide werden meist kurz vor Erreichung des Pensionsalters verliehen und sind daher aus der Sicht des aktiven Spielers ein sehr bedenkliches Zeichen.

Besucht ein Club einen anderen zu einem ersten Freundschaftsspiel, wird ein Wimpel überreicht. Es ist erstaunlich, daß uns in den letzten Jahrzehnten immer noch nichts Besseres eingefallen ist. Wimpel müssen irgendwo sichtbar aufgehängt werden und sind so die Garanten dafür, daß der große Clubraum, wie immer geplant, nie ganz das wird, was der Architekt erwartet hat. (Mich erinnern sie immer ein wenig an die Abziehbilder an manchen Autofenstern.)

*

Bemerkungen über Sex auf rotem Sand

Es ist eigenartig und bringt Tennis in ein gewisses Verwandtschaftsver-
hältnis zu anderen Sportarten wie z.B. Leichtathletik. Sex an sich findet am

Tennisplatz nicht statt. Nicht einmal beim Mixed, wobei das Kaffee- oder Anbandelmixed eine Ausnahme bilden kann, bzw. bildet.

Die sportliche Mixedpartnerin, die aus der ersten, oder zweiten Mannschaft, wird beim Gebrauch als solche in eine Kumpelrolle gedrängt. Ihre oft unerwünschte Gleichberechtigung läßt die Tatsache vergessen, daß sie vielleicht in Frage käme und hängt ihr, gewissermaßen versächlichend, noch außerhalb der Plätze an.

Dort nämlich, auf den Zuschauerbänken, an den Tischen nahe dem und im Clubhaus sitzen schlankhüftige, lidumschattete Tennishaserl, warten auf die schmetternden Löwen und entführen sie, nach dem letzten Satz, den hart aufschlagenden und enttäuschten Partnerinnen.

Wirklich enttäuscht? Nein, denn auch auf diese warten nichttennisspielende Tiger.

Allerdings sind Fälle bekannt geworden, daß einer aus der ersten Mannschaft mit einer aus der zweiten, oder gar, daß ein Mixedpaar wirklich ein solches war, aber normalerweise ist zunächst nur einer der beiden ein aktiver Tennisspieler.

Das ändert sich jedoch. Der Tennislöwe wird über kurz oder lang seinem Tennishaserl die ersten Schritte auf dem roten Sand beibringen. Das Tennishaserl wird im knappen Röckchen den Tennissport vom Äußeren her bereichern und das anfangs nicht auffindbare gewisse Etwas, kehrt auf Umwegen zum roten Sand zurück. Tennis zählt eben schon vom Äußeren her, unter den partnerfreundlichen Sportarten, zur Spitzengruppe.

Man denke an eine, trotz noch so enger Jethosen, doch im ganzen sehr vermummte Skiläuferin und man denke an die kurzkurzen Tennisröckchen unserer Damen, deren Gürtel in extremen Fällen den Saum verdeckt. Berücksichtigt man ferner die Möglichkeit, durch modische Raffinessen da und dort kleine Mängel zu verschleiern und Vorteile wirkungsvoll ein- oder gegebenenfalls auszurahmen, wäre die Ansicht vertretbar, daß Tennis schon von der Kleidung her, durchaus zu den verkehrsfördernden Sportdisziplinen zu rechnen ist. Fälle, da sich zwischen Perrykleid und Haut nichts befindet, sind selten, doch wenn, stets mit diskretem Wohlgefallen beobachtet worden. Es knistert im roten Sand und abends im Clubhaus knistert es weiter. Es knistert rund um die Uhr, nirgends so schön wie bei UNS!

*

Tennisspieler berichten

(Hier kann jeder beliebige Name eingesetzt werden, es wird immer genau stimmen. Er muß nur der eines Tennisspielers sein.)

A spielt gegen B und gewinnt 6 : 1, 6 : 4.

A: „Es lief recht ordentlich. B war zwar sehr gut, aber ich hatte ihn jederzeit sicher im Griff. Der erste ganz glatt 6 : 1, im zweiten liege ich 4 : 1 vorn, werde etwas leichtsinnig, versuche einiges und schon ist er auf vier beide. Ich konzentriere mich; 6 : 4! Ich glaube die beiden letzten Spiele waren zu null, kann gegen B nicht verlieren!"

B über dasselbe Spiel: „Habe gespielt wie der erste Mensch! Ich darf normal gegen A nicht verlieren. Im ersten war ich überhaupt nicht da. Im zweiten kam ich dann und da war es auch gleich vier beide. Wenn A in den beiden nächsten Spielen nicht ein so unverschämtes Glück hat, zwei Netzroller und ein geradenoch Linienball. Den dritten hätte ich ganz glatt gewonnen."

A und B sind Spieler der ersten Mannschaft. C, der beim Versuch in die Erste aufzusteigen schon unzähligemal gescheitert ist, über ebendasselbe Spiel: „Eine langweilige Löffelei. Keiner riskiert was. Wenn es mir nicht jedesmal zu dumm werden würde, sie wären beide hinter mir. Etwas mehr Training und ich schieße sie vom Platz. Aber ich habe eben nicht die Zeit dazu und schließlich spiele ich Tennis zu meinem Vergnügen!"

Keiner gibt an. Jeder erzählt die pure, allerdings subjektive Wahrheit. Keiner wird jemals resignieren, weil jeder davon überzeugt ist: „Normal hätte ich nie verloren!"

*

Quod erat demonstrandum!

Es ist zwar überall im Grunde sehr ähnlich, aber bei uns, beim homo tennisiensis ist es besonders ausgeprägt: Man will es nicht wahr haben. Der Bambino nicht und der Veteran noch weniger. Was zu beweisen war.

*

Fundsachen

(Keine der nachfolgenden Storys ist erfunden, das muß gesagt werden, falls sie ein Nichttennisspieler liest.)

– Es gab einen Tennislehrer, der in einem Kurort amtierte und selbst während des Unterrichts außerordentlich schweigsam war. Nur wenn der Schüler den Ball in's Netz schlug, rief er: „heeeeeben!" Dann verstummte er wieder.

– Ein Ranglistenspieler nahm bei Turnieren den Schläger mit ins Bett und machte Griffübungen bis zum Einschlafen. Zuvor trainierte er im Hotelzimmer an einer Wand kurze volleys.

– Ein „Haftelmacher", auch ein Ranglistenmann, hatte, wenn er im Ausland spielte, stets ein Taschenwörterbuch bei sich. Einmal in Spanien, der Gegner am Aufschlag, ein Ball liegt im Spielfeld, hebt H. die Hand, windet das Wörterbuch aus der Tasche, blättert, zeigt auf den Ball und ruft: „Pilota ex!"

– Es gab einmal zwei deutsche Ranglistenspieler, die sich häufig bekämpften. Beide waren „Bringer". Man sagte, daß nach einer halben Stunde ein Ball völlig abgespielt und die beiden anderen funkelnagelneu waren.

– Ein Tennislehrer in einem Kurort, der den weißen Sport im Nebenprogramm führte, pflegte seinen Schülern die Bälle zuzuwerfen. Den ersten in die rechte Ecke, den zweiten in die linke. Dann einen kurzen Stop-Ersatz und als Clou, wenn der Schüler diesen vorhastend erreichte, hob er einen geworfenen Lob über den staunenden und bemerkte trocken: „Gell jetzt guckscht?" So vermittelte er schon dem Anfänger die Feinheiten der hohen Schule.

*

Merkwürdigkeiten

Es ist immer dasselbe. In der Mitte der Saison, man ist in guter Form, man hat sogar ein Clubturnier, vielleicht sogar größere Turniere hinter sich, da ist plötzlich am 15. Juni 17.22 Uhr die Vorhand weg. Keiner verläßt den Platz. Die Vorhand ist weg. Man umläuft sie, spielt nur noch Rückhand, aber es wird immer schlimmer. Man stellt sich korrekt zum Ball, man holt korrekt aus, man schlägt korrekt. Der Ball steigt wie eine Rakete und landet auf dem U der Dunlop-Blende. Man steht korrekt, man holt korrekt aus, man schlägt korrekt und trifft den roten Sand vor sich.

Man spielt zwei Wochen nur noch Rückhand. Die verläßt uns nie, die treue. Am 4. Juli 18.12 Uhr ist die Vorhand plötzlich wieder da. Keiner weiß woher. Sie ist wieder da. Kennen Sie diesen seltsamen Vorgang?

Oder: Eine Regel, nach der man sich richten kann, weil sie fast immer stimmt: Dicke schießen – Asketen bringen. Das ist verständlich, denn Dicke sind meist schlechte Läufer, also suchen sie die Entscheidung, also schießen sie. Asketen, zumeist ausdauernde Langstreckler, haben Zeit. Wozu forcieren, sagen sie und halten den Ball, bis der Dicke ver- oder sie erschießt.

Oder: Tennismäzene sind Menschen, welche das Können anderer, auf Grund ihrer hohen Kapitalkraft ihrem eigenen Image zuaddieren. Tennismäzene sind Spieler, die den Traum vom Endspiel mittels fremder Volleys, mittels fremder Bombenaufschläge und mittels fremder Tropfenstops zu verwirklichen suchen. Mäzene sind die Wegbereiter der Berufsamateure. Da der totale Mäzen den von ihm geförderten als seinen Besitz betrachtet, wird er unweigerlich in einem Teufelskreis enden. Der Spieler gerät bald in ein Vater–Sohn-Abhängigkeitsverhältnis. Der Mäzen wird dies, unterstützt von einem gut entwickelten Selbstgefühl, erfreut wahrnehmen und vertiefen. Hier beginnt das Schicksal seinen Lauf zu nehmen. Aus dem geförderten Spieler wird eine Mannschaft. Diese, da gefördert, hält eng zu ihrem Mäzen, hebt dadurch sein Lebensgefühl, wird erst zum häufigen, dann zum ständigen Gast und wenn es sich nicht rechtzeitig ändert, zum Scheidungsgrund. Das ist der Punkt, an dem Mäzene aufhören und ihre Scheintenniskarriere spontan an den Nagel hängen. Das ist der Punkt, an dem Mäzene über Nacht vergessen werden. Schneller noch als Weltmeister.

*

Spiel, Satz und Sieg! ...

Vier Worte, die Tennisschicksale einleiten. „Hätte ich bloß nicht!" oder
„Hurra, es ist geschafft!" Nächste Runde, oder aus.
Einen Punkt höher in der Rangliste oder die nächste Forderung droht!
Aber man gratuliert sich, und beide gehen lächelnd vom Platz.
So will es das „Jeux royale."
Und ob verloren oder gewonnen, nach „Spiel, Satz und Sieg" beginnt neue
Hoffnung zu grünen. „Nur so weiter!" der eine; „Macht nichts, zum nächsten
Mal!" der andere. Und wenn es tausendmal der gleiche Gegner sein wird,
denn kein Spiel gleicht je dem anderen. Das ist es ja gerade. Es ist immer
neu und die Hoffnung stirbt nie.
„Spiel, Satz und Sieg!" Ich sah manche lachen nach diesen vier Worten,
andere, nicht nur Mädchen, weinen. Manche ihre Schläger fortwerfen, andere
spontan abreisen, aber, und auch das wieder ist tröstlich, unter den Lachenden
waren auch solche, die verloren hatten – nur umgekehrt war es nie.
Satz und Sieg, das ist nicht so wichtig, aber das erste Wort. Daß es Spiel
heißt, ist schwerwiegend, und das sollten wir nie vergessen. – Bitte!
Spiel! Satz und Sieg! Es lohnt sich zwar zu kämpfen, es lohnt sich auch zu
siegen, aber wenn nicht? Na, wenn schon.
SPIEL! Satz und Sieg . . . .

*

Alles ist relativ

Es wäre auch ohne Einstein so, aber dank ihm wissen wir weshalb. Es gab eine Zeit, da kamen mir 14jährige Mädchen sehr jung vor und 20jährige sehr alt. Heute kommen mir 14jährige gar nicht mehr vor und 20jährige sehr jung. Dafür kommen mir solche irgendwie vor, die mir zu jener Zeit gar nicht, oder besser, noch gar nicht vorgekommen waren. Das ist der Lauf der Welt.

So geht es über die Seniorenzeit hinaus zu den Veteranen, vorwärts mit Einstein.

Fazit: Man braucht auch als aktiver Veteran die Segel keineswegs zu streichen und noch weniger als charmante Seniorin, meine sehr verehrte gnädige Frau! Abgesehen davon soll es schon vorgekommen sein, daß selbst Tennishäschen von weit unter 30 Gefallen an grauen Schläfen fanden; und auch umgekehrt läuft die Sache ähnlich oder etwa nicht meine Damen?

Da war ich doch kürzlich auf einem Seniorenturnier in . . . halt! Die alten Regeln gelten immer noch; der Kavalier genießt und schweigt.

Und die Kavalleuse? . . . Genießt auch, denn sie ist gleichberechtigt.

*

Thema: Neue Mitglieder

Vier alte Mitglieder sitzen im neuen Clubhaus und unterhalten sich über aktuelle Themen.

„Was wir brauchen sind neue Mitglieder!", sagt der erste. „Du hast recht", antwortet der zweite, „es sind doch ewig die paar gleichen, die kommen." Nachdem unter anderem festgestellt wird, daß der Pächter nichts Gescheites kocht, der Wein sauer und das Clubhaus eine Fehlplanung ist, kehrt man zum Ausgangsthema zurück und bemängelt, daß der Vorstand nichts unternimmt, neue Mitglieder zu werben.

Da schwingt die Türe, fast alle Tennisclubs haben irgendwo Schwingtüren, und Herr M., das neue Mitglied, tritt ein.

Das neue Mitglied grüßt freundlich und erwartet offenbar, an den Tisch gebeten zu werden – es sind heute die einzigen Gäste.

Herr M. wird nicht an den Tisch gebeten, Herr M. wird kühl weggegrüßt, denn Herr M. stört. Er setzt sich allein an einen Tisch, bestellt einen Campari Soda und wünscht sich Club zu leben.

„Wer ist das überhaupt?" fragt eines der vier alten Mitglieder. „Nie gesehen", sagt das zweite und „ist der überhaupt Mitglied?" das dritte. „Man müßte Lange fragen!" sagt das vierte. (Herr Lange ist der Geschäftsführer, denn wir befinden uns in einem großen Club.) „Nicht einmal hier kann man sich ungestört unterhalten!"

Nach einer viertel Stunde vergeblichen Wartens auf Clubleben verläßt das neue Mitglied enttäuscht das Clubhaus.

„Endlich sind wir wieder unter uns!" sagt der mit der silbernen Ehrennadel," – „was ich sagen wollte, was wir brauchen sind neue Mitglieder!"

*

Oh diese Jugendlichen!

Als ich anfing, gab's noch keine Trainer. Bei uns nicht. Da gab's nur Vorbilder, denen wir nachbilderten. Die heute beginnen, haben beides.

Man sagt, die heute beginnen, die Jungen natürlich, sind sehr viel anders als wir. Wir – ja wir. Wir hatten noch Ideale, aber die da? Wenn wir in der ersten Mannschaft spielen durften, liefen wir 50 km weit 3ter Klasse zu Fuß, im Rucksack Tennisschläger und Vesper. und heute: Was – mit dem Wagen sollen wir fahren? –

Aber das sieht alles nur so aus. Ist gar nicht schlimm, denn es hat sich im Grunde nichts geändert. Nur das Äußere ein wenig, oder viel? Ansichtssache. Wären wir damals schon im Skilift gehangen, wir hätten, Hand aufs Herz, gerne auf den Idealismus verzichtet, der uns dazu trieb, morgens um 4 Uhr die Bretter zu schultern und aufzusteigen, nur um angeblich den Sonnenaufgang zu sehen.

Ich stehe auf der Seite der Jugend. Der damaligen, der heutigen und der von morgen. Und übrigens fahren unsere Autos auch schneller als die unserer Väter.

Und unsere Väter, wenn man ihnen glauben darf (wie uns, . . .) krochen, wenn sie in der Mannschaft spielen durften, 100 km weit auf allen vieren und nährten sich vier Tage von Wurzeln und Beeren.

Aber auch sonst, bitte keine Sorgen. Die Romantik ist nicht tot. Nur bei uns Älteren stirbt sie langsam ab. Man wird eben sachlicher mit den Jahren, wägt Für und Wider gegeneinander ab, bevor man handelt; was ist drin? fragt man sich, überlegt die möglichen Folgen eines Schmetterballes und versucht Unangenehmes zu vermeiden. Und sagt dabei, die heutige Jugend sei nicht mehr das, was wir waren und sollte doch sagen: Wir sind nicht mehr das, was wir waren!

Denn, Freunde, die heutige Jugend ist genau das, was wir waren und wird es genausowenig bleiben wie wir. Aber sie wird todsicher von der nächsten Generation behaupten: Ihr seid einfach nicht mehr das, was wir waren. Das ist der Lauf der Tenniswelt, denn selbst Tennisspieler sind Menschen! –

*

Tennismütter

Tiere greifen im allgemeinen den Menschen nicht an. Jedoch können zum Beispiel Bärinnen, wenn sie mit ihren Jungen unterwegs sind, höchst gefährlich werden und auch Löwenmütter sind unberechenbar. Bei Mäusinnen ist die Gefahr relativ geringer. Doch ich wollte über Tennismütter sprechen. Haben Sie schon einmal beobachtet, wenn zwei Bambinos sich belöffeln und nur genau zwei Zuschauerinnen zugegen sind? Das sind sie, die Tennismütter. Haben Sie ihre Mienen studiert? Es lohnt sich, denn Tennismütter sind schlechte Schauspielerinnen.

Darin sind ihnen die Tennisväter über, die gleichgültig sechs Plätze weiter (scheinbar) anderen Spielen zusehen und, nach ihrem Jungen befragt, keine Ahnung haben, wo er spielt und wie es steht. Die Heuchler! Wenn das Tennisküken verloren hat, wird es zu Hause dann in den vier Wänden verhöhnt und verspottet: „Du lernst es nie. Wie kann man nur . . ." und von der Tennismutter getröstet.

Es gibt zwei Sorten. Die Aktive überträgt den eigenen Ehrgeiz auf ihr Kind, die Passive leidet einen ihr unbekannten Schmerz mit. Die Aktive spielt, wenn ihr Junges verloren hat, spontan das nächsterreichbare Turnier mit, weil sie das Gefühl hat, das „Geschäft" noch nicht abgeben zu können. Man muß weiterschaffen, bis die Jungen soweit sind. Bis das erste kleine Turnier gewonnen ist. Dann kann man sich zur Ruhe setzen und nur noch Ratschläge geben oder zum Vergnügen spielen.

In den Augen ihrer Mütter verlieren Tenniskinder nie, weil sie schwächer sind als ihre Gegner. Vielmehr ist stets eine Häufung von widrigen Umständen schuld an der Niederlage. Darin sind Tennismütter aktiven, erfahrenen Spielern ähnlich. Im Erfinden von Begründungen, für ein verlorenes Spiel ihres Jungen jedoch, sind sie unerreicht und viele Aktive haben sich schon bei erzählenden Tennismüttern Anregungen dieser Art geholt.

Die häufigsten Gründe sind a) die Schule, b) man will ja schließlich keinen Tennisstar züchten wie Müllers. Tennis soll ein Vergnügen bleiben. Sonderbar, immer wenn man verloren hat, besinnt man sich darauf, daß Tennis ein Vergnügen sein soll. c) Kein Ehrgeiz da. Wenn er nur wollte. d) Der Wind und die Sonne (sie blendet und er weht immer gegen den Verlierer). e) Die Fehlentscheidung bei 0 : 6, 0 : 5 und 15 : 40.

Ja, Tennismütter sind schon vom Gesprächsstoff her ein unentbehrliches Clubattribut. Und darum müssen wir ihnen eigentlich dankbar sein.

Und übrigens ist es halb so schlimm. Man gewöhnt sich bekanntlich an alles. Tennismütter an das Verlieren und wir an die Tennismütter. Eine andere Möglichkeit wäre auch ausgeschlossen, denn sie ändern sich nie!

*

Über Tennisehen

Hier gibt es eigentlich nur zwei Gruppen und zwar erstens die, bei denen Tennis bei einem der Partner sozusagen zu den vorehelichen Vergnügungen gehörte und zweitens die, bei denen die Ehe ganz auf roten Sand gebaut ist. Bei der ersten wird die Beantwortung der Frage, wie bringe ich ihn beziehungsweise sie auf den Tennisplatz und wie bringe ich ihr, beziehungsweise ihm gleichzeitig bei, daß Samstage und Sonntage zum Tennisspielen geschaffen wurden, stets auf beachtliche Schwierigkeiten stoßen.

Früher oder später jedoch wird der tennisfremde Teil aus Notwehr zum Schläger greifen und vom kundigen Partner wohlwollend unterstützt, mühsam, da zu spät, der C-Klasse zustreben.

Auf diese Weise entwickeln sich die allgemein bekannten Familien-Trainer-Stunden, die dem belehrenden Teil ein angenehmes Gefühl der Überlegenheit vermitteln. Da dieser Fall bei den Tennisehen der häufigste ist und daher jeder eingeheiratete mit einer größeren Anzahl von Leidensgefährten rechnen kann, wird bald ein Vierer von etwa gleicher Kampfkraft entstehen und der Weg zur Autarkie ist frei. Nun wird man fröhlich über Tennis debattieren und die gute Ehe ist gesichert. Nur die immer wieder von schadenfrohen, oder erlebnishungrigen Junggesellen angezettelten Ehepaarmixedturniere, stellen eine beachtliche Gefährdung ihres Bestandes dar.

Bei der zweiten Gruppe entwickelt sich aus der unausrottbaren Vorstellung, daß Ehepaare, die beide schlagstark sind, auch gute Mixed-Paare sein müssen, die erste Katastrophe. Diese kann bis zur Scheidung führen, nach welcher sich jedoch die Möglichkeit anbietet, nun als gutes Mixed-Paar wieder zueinanderzufinden.

Gelingt es in solch einer Tennisehe, zeitlebens auf Mixed zu verzichten, steht auch hier einem ungetrübten Glück nichts im Wege. Fühlt man sich jedoch zum Mixed geradezu berufen, so praktiziere man diese Disziplin mit fremden Partnerinnen. Die eigene Frau wird nichts dagegen haben, solange es sich um spielstarke Turnierspielerinnen handelt, nur Mixedgelüste mit Anfängerinnen werden stets und zumeist mit Recht ihr Mißtrauen erwecken. Regel: Wähle Deine Mixedpartnerin so, daß Du, wenn Du an sie denkst, ihre Vorhand siehst, ihren Aufschlag oder ihren Stop und nicht ihre Beine, ihre Augen oder sonstwas!

*

Tennis und „Politik"

Ist der Tennissport (bevölkerungs-)politisch von Bedeutung? Lassen Sie mich einmal so beginnen: Psychologie ist, wenn ein Mann, an dem ein hübsches Mädchen vorbeigeht, nicht das Mädchen ansieht, sondern die Männer, die das Mädchen ansehn.

Es liegt auf der Hand, daß bei Fragen, die in den Rahmen bevölkerungspolitischer Betrachtungen hineinspielen, dem Verhältnis der Geschlechter zueinander Bedeutung beigemessen werden muß. Der natürliche Paarungsinstinkt erleidet beim homo tennisiensis durch Einflüsse verschiedener, meist milieubedingter Faktoren, Mutationen, deren Ursachen aufzudecken und deren Wirkungen dem Fortschritt dienstbar zu machen, Sinn einer Untersuchung sein soll.

Beginnen wir mit Punkt 1: Die Tenniskleidung der Damen.

Abb. 1   Abb. 2

Ihr Einfluß auf die Bevölkerungsdichte steht außer Zweifel. Zunächst dazu zwei Beispiele: Abbildung 1 zeigt eine Tennisspielerin aus dem Jahr 1919. Abbildung 2 eine Tennisspielerin von heute. Es ist klar ersichtlich, daß die Entwicklungslinie zur Freikörperkultur hinweist. Man könnte hier von einem sich über Jahrzehnte erstreckenden Striptease-Vorgang, gewissermaßen einer Striptease-Eskalation, sprechen.

Figurale Vor- und Nachteile:

Da sich die ausübende Tennisspielerin zumeist in heftiger, oft in drehender Bewegung befindet, sind Kleidungsstücke (besser: „Stückchen"), sofern sie nicht hauteng, wie etwa Bleyle-Shorts (bisher nicht bezahlte Schleichwerbung!), aber beispielsweise das in der Länge zwar äußerst knapp bemessene, doch weite Röckchen der Dame steten Schwingungen unterworfen. Insbesondere beim Aufschlag treten auf diese Weise figurale Vor- und Nachteile zutage. Hier fehlt heute ein wichtiger Faktor, der in früheren

Jahren entsprechende Erkenntnisse vermittelte: Das Gegenlicht. Das Tennisröckchen ersetzt seinem biologischen Sinn nach das bunte Feder-kleid, vermittels dessen in der Vogelwelt das (umgekehrt) attraktive Männchen die farblosen und uniform wirkenden Weibchen – bei uns die graue Masse der Perry-Hemd-Träger – anlockt. Ihm (dem Tennisröckchen) kommt daher aufschlaggebende Bedeutung zu. Und daraus folgert deutlich, daß dem Damen-Aufschlag eine nicht zu unterschätzende bevölkerungspolitische Dominante eigen ist. „Erkennen und nützen" wäre an dieser Stelle unserer ver-ehrten Frau Familienminister zuzurufen.

Der Mixe d-Trieb, kurz: MT

Nach konsequenter, tennisbewußter Forschung ist die Wahl der Partnerin für das Mixed das ausschlaggebende Moment. Sie wird heute – im umge-

kehrten Verhältnis zwischen knapper werdender Tenniskleidung und Können – in fortschreitendem Maße nach Überlegungen äußerlicher Natur vor-
genommen. In diesem Zusammenhang sei hier der Warnung Gehör geschenkt,
die den Tennissport vor gefährlichen Schlag- und Stil-Mißbildungen bewahren möge. Es gilt als erwiesen, daß eine als Mixed-Folge und ohne Beachtung
der Mendelschen Vererbungslehre geschlossene Tennis-Ehe recht unange-
nehme Konsequenzen haben kann. So ist es denkbar, daß bei der Verbindung eines Paares, bei dem beide Partner den gleichen getwisteten Aufschlag
haben, die Nachkommen mit dem sogenannten Neumannschen Schrauben-
aufschlag erblich belastet sind.

Empfehlenswert: Die Kreuzung mit „artfremden" Frauen.

Neueste Erkenntnisse beweisen, daß ein gesunder Tennisnachwuchs die
Kreuzung zwischen Tennisspielern mit artfremden Frauen – also solchen,
die nachweisbar nie einen Tennisplatz betreten haben, um auf ihm zu spielen –
verlangt. Wenn das nicht beachtet und eine strenge „Rassentrennung" über
einen längeren Zeitraum hin geübt wird, so machen sich unweigerlich die
Folgen daraus resultierender Inzucht bemerkbar.

Die häufigsten Erscheinungen sind beidarmiges Spielen, Tennishypochon-
drie, die sich in zeitweilig abhandenkommender Vorhand oder in Schief-
hochwerfen des Aufschlagballes äußert. Es werden aber auch schon traurige
Fälle totaler Tennis-Schyzophrenie beobachtet, die den Betroffenen jede
Niederlage als durch widrige Umstände verhinderten Sieg erleben lassen.
All dies sind Alarmzeichen, die eine vom Sportwart fügsam manipulierte
Lenkung, zumindest aber seine Beratung rechtfertigen sollten.

Bei alldem ist natürlich nicht zu verkennen, daß dem Mixed-Trieb tennis-
sporterhaltende Impulse zuzusprechen sind, denn: Als überaus resistenter
Vererbungsfaktor setzt sich der Tennis-Chromosom – kurz: TC – auch bei
Ehen tennisspielender Männer mit tennisfremden Damen durch. Kinder
aus solchen Verbindungen werden immer dem Tennissport gewonnen.

*

Skat und Tennis

Es gibt kaum einen Tennisspieler, der nicht Skat spielt. Ausgediente, die sich zumeist ganz auf diesen zweiten Weg konzentrieren, bringen es oft zur Meisterschaft und können so ihren Abstieg in die sportliche Bedeutungslosigkeit beträchtlich hinausschieben.

Ohne Skat wird man in einem Tennisclub kaum Ansehen erringen, denn was täte man sonst an verregneten Wochenenden oder während verregneter Turniere. Bei Fanatikern kann es so schlimm werden, daß sie sich eben wegen Skat Regen wünschen.

Zwischen Skat und dem Muttersport Tennis gibt es interessante Parallelen. Zum Treibschlag ausholen und im letzten Augenblick einen Stop hineinzaubern; den Gegner ans Netz locken um ihn dann höhnisch zu überlobben, oder zu passieren. Einen übertwisteten Aufschlag in die äußerste Ecke setzen. Der Kenner wird verständnisvoll nicken.

Auch die Wahl zum Vorstandsmitglied oder zum Vorstand wird in hohem Maße von den Skatfähigkeiten des Betreffenden abhängig sein, denn was hat eine Ausschußsitzung am Mittwoch abend für einen Sinn, wenn man nicht nachher bis 2 Uhr früh Skat spielen kann und zwar nach Hause hin getarnt, eben durch die Ausschußsitzung.

Skat und Tennis – eine fast schon historische Verbindung. Melden Sie Ihren 8-jährigen in einem Tennisclub an und Sie erhalten in spätestens neun Jahren vielleicht einen guten Tennisspieler, sicher aber einen perfekten Skater zurück!

*

Tennisspieler im Urlaub

Es gibt da eigentlich nur zwei Extreme. Die einen: „Die Tennissachen blei- ben hier. Ich will drei Wochen keinen roten Sand sehen." (Sie glauben es wirklich.)

Die anderen suchen ein Quartier in Tennisplatznähe, reservieren schriftlich ihre tägliche Stunde, erkundigen sich bei dieser Gelegenheit, wann das Gästeturnier stattfindet und geben mit der Meldung ihre Spielstärke bekannt. Ein Freund von mir gehört zur ersten Gruppe. Wir trafen uns im vergange- nen Jahr nach der Urlaubszeit im Club. „Ich hätte mich umbringen können", erzählte er, „eine tolle Platzanlage, ein nettes Turnier, die Spieler genau in der richtigen Preislage und ich kein Tenniszeug dabei!" So sind sie!

Tennisspieler im Urlaub erkennen einander übrigens wie Mitglieder eines Geheimbundes. Es sind nicht die Tennisschuhe, die plötzlich irgendwo vorbeilaufen, auch nicht die Tennissocken; denn es ist wahr, Tennisschuhe tragen auch die „anderen", Tennissocken dagegen kaum jemals.

Aber die Socken sind es auch nicht. Ich bin noch nicht dahintergekommen, woran es liegt, aber irgendwie spürt man: Da ist einer! Und dann trifft man sich später unweigerlich bei den Plätzen an der Kurpromenade, im Kurpark, beim Hotel oder so. Die Vorhand, die Rückhand, der Aufschlag, im vergangenen Jahr hätte man einmal fast... Namen, die verbinden, der Winterball . . . .

Man findet neue und eigentlich immer alte Freunde, man trifft sich bestimmt im nächsten Jahr irgendwo wieder. Vielleicht schon im Winter beim Skifahren. Man trifft sich, und überall verbindet uns die Rückhand, die Vorhand, der Stop und das „Ich hätte glatt gewonnen, wenn . . . .".

*

Ski und Tennis

Normale Tennisspieler treffen sich im Winter in Schruns, Zürs, Corvara, Zermatt oder Lac de Tigne. Kurz, normale Tennisspieler laufen Ski. Beiden Sportarten ist gemein, daß Berichte über Abfahrten oder gewonnene Sätze besser ohne Zeugen, höchstens vor Komplicen zum besten gegeben werden. Ein knapp, mit etwas Glück gewonnener Satz im Sommerurlaub in Kärnten gegen einen dortigen Ranglistenspieler (alle Tennisspieler in Kärnten sind Ranglistenspieler), entspricht etwa einem Querschuß im letzten Drittel des Kriegerhorns, mit abschließenden Kurzschwüngen. Komplicen müssen auch leben: „Und kurz vor der Talstation schießt der Kurt an mir vorbei."

Berghotels, Hütten, Clubhäuser, Tennishotels, Schuß, Wedeln, Aufschlagass, Stop – Atmosphäre – Lidumschattete après. Jeder wahre Könner erfühlt die Parallelen und doch, es gibt einen Unterschied: Im Winter zählt die Partnerin auch als solche. Sie fährt zwar mit, doch kann ihr Erscheinen auf der Piste ein Versprechen sein, das einzuhalten sie après bereit ist. Das eben ist „la petite difference." Beim weißen Sport Nr. 1 sext es außerhalb der weißen Linien. Beim weißen Sport Nr. 2 können die Funken auf den Pisten sprühen.

*

Tennislehrer — Skilehrer

Skilehrer sind standortbegünstigte Nutznießer der Urlaubsstimmung. Nutznießer der konzentrierten Feierbereitschaft ihrer Schüler(innen). Tennislehrer haben es schwerer, denn sie amtieren im Alltag. Beiden gemeinsam
ist eine braungebrannte, sportgestählte Aura, die sie stets umgibt. Und beiden
gemeinsam ist die Bereitschaft, dies laufend unter Beweis zu stellen.

Beide sind die Helden der Anfänger und Fortgeschrittenen, die Freunde
der Meister; jedoch werden Tennislehrer häufiger von Amateuren entzau-
bert als ihre skifahrenden Kollegen, denn auf der Piste wird nicht gezählt

und ein Rollschwung auf einem Bein, oder ein Kunstsprung mit der Haltungsnote eins bringt die Hackordnung stets wieder ins Lot.

Ein gravierender Unterschied besteht in der Sprache. Die des Tennislehrers lehnt sich ans Schriftdeutsche an. Vom Skilehrer dagegen wird eine rustikale Ausdrucksweise geradezu verlangt. „Ziehn Sie bitte das Gesäß ein, meine Dame!" wäre ein übler faux pas. Ins Skilehrerdeutsch, österreichisch oder bayrisch übersetzt, muß es heißen: „Ziag dein Orsch ei, Renngoaß damische!" Es scheint, daß diese einprägsame und bildhafte Sprache in den Skilehrerkursen mitgelehrt wird, da sie als wichtiges Erfolgs-Requisit erkannt wurde. Bayern und Österreich führen hier mit großem Vorsprung.

Die eidgenössischen Kollegen gleichen mehr soliden Beamten. Unter ihnen findet man nur selten „Rote Teufel" oder ähnlich „verwegene Kerle." Sie sind zumeist brave Ehemänner. Die ersteren natürlich auch, doch sind sie seltener verheiratet.

*

Weitere Querverbindungen

Exclusive Tennisspieler reiten. Sehr exclusive mit, bzw. auf eigenem Pferd. Oft tut es auch nur ein Familienmitglied, die Tochter oder die Frau. Der entscheidende Unterschied, außer dem wahren Glück der Erde, das nach Rudolf Binding auf dem Rücken der Pferde wohnt, besteht darin, daß diese im Gegensatz zu einem Tennisschläger, zuweilen einen sehr ausgeprägten eigenen Willen besitzen, der entweder gebrochen oder durch raffinierte Tricks ausgeschaltet werden muß. Hier scheint eine echte Parallele zur Ehe aufzutreten. Ein Tennisschläger ist wesentlich toleranter, wenn er auch anfangs die Beziehung zum Ball eher erschwert als erleichtert.

Der Schmollwinkel vieler älterer Tennisspieler ist der Golfplatz, der neues Glück und erneute Aufstiegsmöglichkeiten verspricht. Die zum Golf umgestiegenen Senioren versichern immer wieder, daß auch hier enorme Kondition erforderlich sei und daß Golf durchaus dem Leistungssport zugerechnet werden muß . . . .

*

Es steht in den Sternen

Widder 21. 3.–20. 4.

Widder-Spieler schlagen hart auf. Bei jeder Fehlentscheidung wird sofort impulsiv reklamiert, aber die Verstimmung dauert nicht lang. Der Widder-Mann liebt Knall-Bumm Tennis ohne viel Variationen. Er will mit dem Kopf durchs Netz. Mal verliert er haushoch, mal überfährt er seinen Gegner. Im Mixed wechselt er häufig die Partnerin, bis er die richtige gefunden hat. Meist eine Löwin oder Schützenfrau. Sie muß stets selbsttätig wechseln, wenn er vorne räubert und darf nichts sagen, wenn er verschlägt.
Die Widder-Spielerin zeigt ein selbstbewußtes, aber beherrschtes Tennis. Sie bringt viel und riskiert wenig, aber sie geht konsequent und verbissen auf Gewinn aus. Im Mixed am liebsten mit ihrem Löwen.

Stier-Spieler eignen sich nicht für Kaffeedoppel, denn erstens wollen sie stets gewinnen und zweitens werden sie sauer, wenn dies nicht klappt! Die wenig freundliche Feststellung „Sie haben keine Ahnung von Tennis!" stammt von einem typischen Stier. Sie sind häufig an der Tenniswand zu finden und werden blaß vor Neid, wenn einer, der gleichzeitig begonnen hat, es weiter bringt. Seine Mixed-Partnerin wird er kaum wechseln, besonders, wenn es sich um eine Zwillings- oder Jungfrau handelt. Hauptsache, sie versteht ihn.

SIE wird die Vorhand, die Rückhand, den Aufschlag systematisch trainieren und zu verbessern suchen. Es dauert, bis sich der Erfolg einstellt, aber dank eigensinniger Hartnäckigkeit stellt er sich ein und wenn es erst bei den Seniorinnen ist.

Zwillinge sind die geborenen Turniernarren. Der typische Zwilling wird sich spätestens im Januar die Liste der Turniere beschaffen, um sich festzulegen. Er wird häufig umdisponieren, aber auch vor weiten Reisen nicht zurückschrecken. Sein Tennis ist am Verstand orientiert und von Einfallsreichtum geprägt. Er schlägt gerne stops und lobs. Er teilt sich den Platz ein und überlegt stets, wie er seinen Gegner packen kann. Der Sieg, oder auch die Niederlage beginnen bei ihm schon lange vor dem Spiel. Niederlagen oft, weil dann doch die letzte Konzentration fehlt oder die zweite Seele doch die Oberhand gewinnt. Seine ideale Mixedpartnerin, die er übrigens gerne wechselt, sollte temperamentvoll und witzig spielen, wie eine Waagefrau z.B. oder eine Wassermannfrau.

Die Zwillingsfrau paßt sich jedem Partner hervorragend an. Sie ist die geborene Mixedspielerin.

Der Krebsmann schmettert selten, weil er zu lange auf eine gute Gelegenheit wartet und sie so stets verpaßt. Er spielt einen eigenwilligen Stil. Die unangenehmsten Gegner sind ihm schnelle Angriffsspieler, gegen die er sich nur selten durchsetzen wird. Wenn, dann pausenlos überlegend wie. Krebse werden mit Schiedsrichtern niemals Krach kriegen. Bei seiner Mixed-Partnerin sucht er Ergänzung. Eine entschlossene Netzspielerin ist ihm am liebsten. Lieber als eine aufregende.

Die Krebsfrau spielt hingegeben und aufopferungsvoll. Keine Traumschläge nichts Mitreißendes; ihr Tennis ist solides Handwerk, das sie meist selbst unterschätzt.

Der Löwe-Spieler wird stets überschätzt. Er spielt als ob er vier Klassen besser wäre. Sein kaum zu zerstörendes Selbstbewußtsein läßt ihn oft auch Niederlagen als Siege erleben. Gute Löwen sind stets Angriffs- und Publikumsspieler. Das beherrschte Tennis der Widderfrau ist für ihn die ideale Ergänzung. Er wird darüber hinaus immer bemerken, wenn sie von angenehmem Äußeren ist und dies zu schätzen wissen. Mixed bedeutet ihm nicht nur Tennis.

Die Löwin ist nicht fürs Mixed geschaffen, da sie sich nie mit einer Statistenrolle abfinden wird. Es sei denn ein Schütze oder vielleicht ein Widder brächte mit ihr eine Art Herrendoppel zu Stande. Dann allerdings knallt's!

Der jungfraugeborene Tennisspieler wird an Hand eines maßstäblich ge-
zeichneten Tennisplatzes, mittels geometrischer Linien die größten Erfolgs-
chancen einzelner Schläge errechnen und dann zielbewußt zur praktischen
Verwirklichung schreiten. Nimmt man ihn auf den Arm oder nicht für voll,
wird er sofort hörbar einschnappen. Löwinnen oder Steinbockfrauen sind
geeignete Mixedpartnerinnen, doch wird die Löwin vergeblich darauf warten,
daß er ihr kurzes Röckchen bemerkt. Die Jungfrau-Spieler, besonders Spie-
lerinnen werden stets überpünktlich und mit sorgfältig gepacktem Tenniskoffer erscheinen.

Der Waage-Spieler wird trotz ausgeglichener Anlage stets nach höherem streben. Nach Traumstops, nach formvollendeten Schmetterbällen, nach eindrucksvollen Aufschlagassen. Er wird aber nicht untergehen, wenn er wider Erwarten dieses Ziel nicht erreicht. Die Mixed-Partnerin, und er wird immer eine haben, wird er mehrfach wechseln. Vielleicht sogar den Club. Die hübsche und oft faszinierende Waage-Frau wird er übersehen und mit Zwillingen, Wassermannfrauen oder Schützinnen eine beachtenswerte Mixedleistung bringen. Der Waagemann wird es stets genüßlich verzeichnen, wenn seine Partnerin nach gewonnenem Mixed abends ein Traumkleid anzieht.

Die Waagefrau wird sich ihrem Mixedpartner stets anpassen, bricht aber bei Rückstand spätestens im zweiten Satz unweigerlich seelisch zusammen. Hat sie einen Zwilling, Wassermann oder Schützen zum Partner, wird es diesem gelingen, sie aufzurichten.

Skorpion 24. 10.–22. 11.

Skorpion-Tennis muß gefordert werden. Dann kann er zuweilen recht deutlich argumentieren. Der homo tennisiensis scorpionis läßt sich indessen von zuschauenden Schönen oder selbst Partnerinnen, sofern diese über einschlägige Vorzüge verfügen leicht ablenken und zu Wunschhandlungen, bzw. -Schlägen verführen, die, da er sie nicht beherrscht, nie den gewünschten Effekt bringen. Er wird trotzdem, wenn auch widerwillig zur Realität zurückfinden, falls die Mixedpartnerin Schützin, eine Krebsin, oder ein Fischlein ist. Skorpione sind typische Seniorengrößen, da sich Erfolg häufig erst in späten Jahren einstellt.

Skorpionfrauen sind, da ausgesprochene Führernaturen, äußerst schwierige Mixed-Partnerinnen; zurechtgewiesen schnappen sie ein und können selbst einen sicheren Sieg fast absichtlich zum Scheitern bringen.

Schützen eilen gerne unvorbereitet ans Netz. Sie schwanken zwischen unmotiviertem Optimismus und ängstlichem Grundlinienspiel. Sein Unabhängigkeitsstreben ist ihm beim Mixed im Wege, es sei denn sie wäre eine Löwin oder eine Widderfrau. Aber selbst da weiß man nie: schmettert er nun, oder lobt er? Hübsche Mixedpartnerinnen sind bei Schützen immer etwas in Gefahr.

Wenn sich die Schützin verstanden fühlt, wird sie am Netz und an der Grundlinie stets ihr Bestes geben. Am liebsten Löwen und Widder. Vermeide Tadel, denn sie wird mit Trotz reagieren und die nächsten Returns todsicher verschlagen. Selbst unterbewußt vorgeplante Doppelfehler sind drin.

Steinbock 22. 12.–20. 1.

Steinböcke sind meistens Grundliniensicherheitsspieler. Ausdauernd und planmäßig überwinden sie ihre Unentschlossenheit und können so nach hartem Training mit zähem Fleiß recht erfolgreich werden. Allerdings werden sie häufig, ganz im Gegensatz zu ihrem normalen Spielaufbau plötzlich Unerwartetes tun, da ihre Stimmung selbst während eines Spieles zwischen himmelhohen Lobs und zu Tode betrübten Doppelfehlern schwanken kann. Mixed lehnen Steinböcke ab. Wenn überhaupt, kommen nur Jung- oder Stierfrauen in Frage.

Auch Steinbockfrauen sind, da ebenfalls sehr sprunghaft wechselnd, nicht unbedingt als Mixed-Partnerin zu verwenden. Im Einzel wird sie fleißig und tüchtig ihren Gegnerinnen oft das Leben schwer machen.

Der Wassermann spielt normalerweise überaus variiert. Raffinierte Stops wechseln mit harten Vorhandschlägen. Er wird stets nach einem reichen Schlagrepertoir streben, denn er liebt die Abwechslung. Auch bei seinen Mixedpartnerinnen. Am besten kommen da noch Zwillinge und Waagefrauen weg. Wassermänner führen ihr Tenniszeug immer bei sich, denn sie reisen gern und viel.

Die Wassermannfrau wird, da sie die Männer zu durchschauen versteht, selten als Mixedpartnerin zu finden sein. Als Einzelspielerin gilt ähnliches wie beim Wassermann-Mann.

Fische 20. 2.–20. 3.

Der Fisch hält nichts von Fünfsatzkämpfen, denn er geht großen Anstrengungen gerne aus dem Weg. Bei schönem Wetter wird er eine Klasse besser spielen, denn Wolken bedrücken ihn. Entschlossene Netzangriffe gehören nicht zu seinem Repertoire. Der Fisch-Spieler ist friedfertig, läßt sich aber durch äußere Eindrücke leicht beeinflussen und ist dann nachhaltig verstimmt. Findet er als Mixedpartnerin eine Skorpionin, oder Krebsin, wird er bei ihr bleiben und wenn sie nur verlieren.

Die Fischefrauen sind oft Haftelmacherinnen, die jeden Schlag einzeln studieren und dann seine Anwendung gewissenhaft üben. Sie und Zwillingsfrauen sind besonders begeisterte Anhänger von Trainerstunden.

Abschließend muß gesagt werden, daß allen Tennisspielerinnen, ganz abgesehen von ihrem Sternbild, zumeist in hohem Maße ein besonderer Charme eigen ist, der nicht nur uns Tennisnarren immer wieder fasziniert, sondern auch Tennisfremde an und oft langfristig in seinen Bann zieht.

*

Tennisspielers Nachtgebet

Stärk, lieber Gott die Rückhand mir
und auch den Stop
und mach mich unempfindlich gegen Bier!
Gib mir den Lob,
der alle überfliegt
und laß mich bitte lang noch hier
in mei'm Verein.
Denn nirgends kann es schöner sein.
Gib mir im Vorstand einen Posten,
laß so vom Tennisruhm mich kosten
und laß mich spielen noch bis Senioren vier –
Ich danke Dir! – Amen! –

*

Inhaltsverzeichnis